GUIDE DE L'ASSEMBLÉE NATIONALE

CENTRE DE VULGARISATION DE LA CONNAISSANCE

LES ESSENTIELS MILAN

Sommaire

Les mots suivis d'un astérisque (*) sont expliqués dans le glossaire.

L'Assemblée nationale

Utilisé pour la première fois le 17 juin 1789 par le tiers état réuni au jeu de paume, le terme «Assemblée nationale» désigne la chambre du Parlement élue au suffrage universel direct. 577 députés élus pour un mandat de cinq ans siègent dans cette assemblée. Détentrice, avec le Sénat, du pouvoir législatif, l'Assemblée nationale propose, discute et vote les lois mais aussi contrôle l'action du gouvernement qui est responsable devant elle.

Comment est élu un député, quel est son rôle, comment vote-t-on une loi? Autant de questions auxquelles cet ouvrage tente de répondre afin de donner les clefs nécessaires à une meilleure compréhension du fonctionnement complexe de cette institution.

Sous la Révolution

La Constitution du 3 septembre 1791 met en place une monarchie au contour plus défini. Face au roi, un corps législatif unique est créé: l'Assemblée législative.

Un corps législatif unique

Par peur de voir renaître l'aristocratie (pouvoir des nobles), le système anglais du bicamérisme (deux assemblées) soutenu par Montesquieu (1689-1755) est rejeté au profit d'une assemblée unique. Siégeant en permanence, cette Assemblée législative ne peut être dissoute par le roi. Elle est élue pour deux ans au suffrage censitaire indirect*.

Les citoyens «actifs» désignent les électeurs qui éliront les députés. La séparation des pouvoirs* entre le pouvoir législatif* et le pouvoir exécutif* est quasi absolue. Les ministres, qui sont choisis et sont nommés par le roi, sont responsables devant le roi. S'ils ne peuvent être membres de l'Assemblée, ils peuvent, à leur demande, y être entendus.

Citoyens actifs

Il s'agit des citoyens âgés d'au moins 25 ans, domiciliés depuis un an dans la ville ou le canton, non domestiques, inscrits à la Garde nationale, ayant prêté serment civique, n'étant ni en état d'accusation, ni en faillite, ni insolvables non libérés et payant une contribution directe (cens) égale à trois journées de travail. Les grands électeurs devaient, pour pouvoir être désignés, acquitter un cens allant de 100 à 400 journées de travail selon l'importance de la commune.

Le veto suspensif

Afin d'éviter tout risque de retour à l'Ancien Régime*, le roi ne dispose que d'un droit de veto suspensif sur les lois votées par l'Assemblée. Ce droit de veto permet au roi d'exprimer son désaccord sur une loi en ne la signant pas. Cela provoque la suspension de cette loi qui ne pourra être appliquée que si trois législatures* successives la votent. Deux conflits vont opposer le roi et l'Assemblée. Alors que Louis XVI avait déjà utilisé son droit de veto contre deux décrets, l'un sur les émigrés et l'autre sur les prêtres réfractaires, il use à nouveau de ce droit contre deux autres

« Il n'y a point en France d'autorité supérieure à celle de la loi. Le roi ne règne que par elle et ce n'est qu'au nom de la loi qu'il peut exiger l'obéissance. » **Art. 3 de la Constitution de 1791.**

décrets, celui du 27 mai 1791 qui aggrave les sanctions à l'encontre des prêtres réfractaires et celui du 8 juin autorisant la formation d'un camp de 20 000 hommes à Paris. Le peuple se soulève. Le 10 août l'Assemblée suspend le roi de ses fonctions et le remplace par un conseil exécutif provisoire. Elle organise l'élection d'une Convention.

Le 20 septembre, cette Convention abolit la monarchie et proclame la République. Le 24 juin 1793, une nouvelle Constitution est votée.

La Constitution du 24 juin 1793

Elle ne sera jamais appliquée. Cette Constitution prévoyait une organisation hiérarchique des pouvoirs avec une Assemblée législative élue au suffrage universel direct* et un Conseil exécutif collégial de 24 membres nommés par l'Assemblée. L'Assemblée avait pour rôle de proposer des lois qui n'étaient applicables qu'au bout de quarante jours.

> La Constitution de 1791 pose le principe de la souveraineté nationale* et du caractère représentatif des institutions. Il existe deux représentants des institutions: l'Assemblée législative et le roi.

Les Constitutions de 1795 et de 1799

Toutes deux mettent en place deux chambres législatives évitant ainsi la dictature d'une assemblée unique comme ce fut le cas lors de la période précédente.

La Constitution du 22 août 1795 (5 fructidor an III)

300
C'est le nombre de membres appartenant au Corps législatif. Le Tribunat lui n'en comptait que 100.

Deux assemblées se partagent le pouvoir législatif*: le Conseil des Cinq-Cents et le Conseil des Anciens. La première vote les lois puis les transmet à la deuxième qui les approuve ou les rejette sans pouvoir les modifier. Face à ces deux chambres, le pouvoir exécutif* est confié à un organe collégial composé de cinq membres appelé Directoire. La séparation des pouvoirs* est extrêmement stricte. Les assemblées se convoquent et s'ajournent elles-mêmes et ne peuvent être dissoutes par les directeurs. Les directeurs et les ministres ne peuvent être interpellés par les assemblées. Le coup d'État du 18 brumaire an VIII (9 novembre 1799) orchestré par Napoléon Bonaparte (1769-1821) et Sieyès (1748-1836) met fin à ce régime. Les deux assemblées sont supprimées. Un consulat provisoire composé de Bonaparte, Sieyès et Ducos (1747-1816) est mis en place. Une nouvelle Constitution* est élaborée.

Du Directoire à l'Empire

Trois régimes politiques se succèdent de 1795 à 1814 : le Directoire qui dure jusqu'au 9 novembre 1799, le Consulat qui prend fin en 1804 et l'Empire qui s'effondre en 1814.

Des assemblées législatives amoindries

Avec cette nouvelle Constitution du 13 décembre 1799 (22 frimaire an VIII), on assiste à une véritable dictature du pouvoir exécutif détenu par le Premier consul : Napoléon Bonaparte. L'initiative des lois n'appartient plus aux assemblées législatives mais au gouvernement. Ce dernier composé de trois consuls, Bonaparte, Cambacérès (1753-1824) et Lebrun (1739-1824), prépare les lois aidé par un organisme appelé le Conseil d'État. Deux assemblées législatives sont créées : le Tribunat et le Corps législatif. La première est permanente. Elle discute les projets de loi puis les transmet à la seconde qui les rejette ou les accepte sans pouvoir les modifier. Enfin un dernier organe, le Sénat, veille au respect des lois à la Constitution et peut, si nécessaire, les modifier par des *senatus-consultes*.

Nommé consul à vie (1802) puis empereur des Français (1804) par le Sénat, Napoléon Bonaparte se verra déchu, lui et toute sa famille, le 1er avril 1814 par ce même Sénat qui l'avait jusque-là soutenu. Le Sénat rappelle alors Louis XVIII au pouvoir.

Senatus-consultes

C'est ainsi que l'on nommait les décisions prises par le Sénat. Deux d'entre eux font faire basculer le Directoire vers l'Empire : celui du 16 thermidor an X (4 août 1802) qui nomme Bonaparte consul à vie et celui du 28 floréal an XII (18 mai 1804) qui le nomme empereur des français.

Dans la Constitution de 1795, le Conseil des Cinq-Cents et le Conseil des Anciens se partagent le pouvoir législatif. Le coup d'État du 18 brumaire orchestré par Sieyès et exécuté par Napoléon Bonaparte met en place une véritable dictature de l'exécutif.

La Charte constitutionnelle du 4 juin 1814

Cette Charte, mise en place par Louis XVIII, ouvre la voie au régime parlementaire en France.

La Chambre des députés

Élue au départ pour cinq ans au suffrage censitaire*, la loi du 8 juin 1824 prévoit finalement son renouvellement intégral tous les sept ans. Son rôle est de voter les lois. Elle partage ce pouvoir législatif* avec une Chambre des pairs dont les membres sont nommés par le roi.

Le contrôle gouvernemental

Importante nouveauté de cette Charte, la Chambre des députés exerce un véritable contrôle sur l'action du gouvernement. Chateaubriand (1768-1848) pose le principe suivant: les ministres doivent appartenir à la majorité de la Chambre et lorsque, à la suite par exemple d'élections législatives défavorables, ce n'est plus le cas, il leur faut alors démissionner. Ce principe présuppose toutefois que le roi n'utilise pas son droit de dissolution pour imposer malgré tout sa politique. On assiste ainsi à la mise en place de la notion de responsabilité politique des ministres.

La Chambre peut «*supplier le roi de proposer une loi sur quelque objet que ce soit*» (art. 19 de la Charte). En 1821, cette adresse devient pour les députés un moyen d'interpeller le roi sur la politique du gouvernement à l'ouverture de chaque nouvelle session*.

Le droit de pétition donne aux députés la possibilité d'exiger d'un ministre tous les éclaircissements nécessaires. Enfin pour obtenir des crédits supplémentaires, le gouvernement est dans l'obligation de faire voter une loi et donc de passer par la Chambre ce qui, là encore, donne aux députés l'opportunité de critiquer ou non la politique gouvernementale.

Les Cent-Jours

Du 20 mars 1815 au 22 juin 1815, Napoléon Bonaparte s'empare du pouvoir et met en place une nouvelle Constitution: l'Acte additionnel aux Constitutions de l'Empire. Fortement inspiré de la Charte de 1814, deux assemblées se partageaient le pouvoir législatif: une Chambre des représentants et une Chambre des pairs.

La Charte constitutionnelle du 14 août 1830

Le 25 juillet 1830, Charles X (1757-1836), qui a succédé à Louis XVIII (1755-1824) en 1824, suspend la liberté de la presse, réduit le droit de vote et dissout la Chambre des députés (ordonnances de Saint-Cloud). Des émeutes à Paris (les trois Glorieuses) entraînent la chute de la monarchie et forcent Charles X à s'exiler. Le duc d'Orléans (1773-1850) accède au trône sous le nom de Louis-Philippe Ier et devient roi des Français. La nouvelle Charte mise en place s'inspire beaucoup de celle de 1814. Les institutions restent les mêmes.

Jusqu'en 1848, la France va connaître une période d'accalmie pendant laquelle elle va s'habituer à la liberté politique et au régime parlementaire. La révolution du 24 février 1848 mettra fin au régime orléaniste.

> **Dissolution**
> La Chambre des députés peut être dissoute par le roi qui est alors tenu d'organiser des élections dans les trois mois. Sous la Restauration, le roi utilisa ce droit par six fois.

La Chambre des députés mise en place par la Charte du 4 juin 1814 dispose des moyens d'exercer un véritable contrôle sur l'action gouvernementale. De 1814 à 1848, le régime parlementaire va ainsi progressivement s'installer en France.

Les Constitutions de 1848 et de 1852

Après la révolution de 1848, une nouvelle Constitution est votée: celle du 4 novembre 1848. Elle marque la naissance de la IIe République.

IIe République:
du 24 février 1848
au 2 décembre 1852

La Constitution du 4 novembre 1848

Tout en établissant un régime présidentiel inspiré des États-Unis, cette nouvelle Constitution* prône une séparation des pouvoirs* aussi stricte qu'en 1791 et en 1795. Le pouvoir exécutif* et le pouvoir législatif* ne pouvaient que s'affronter. Le pouvoir législatif est exercé par une assemblée unique composée de 750 membres élus pour trois ans au suffrage universel*. « *Toute fonction publique rétribuée est incompatible avec le mandat de représentant du peuple*» (art. 28). Pour la première fois de l'histoire, l'indemnité de fonction versée aux députés est inscrite dans la Constitution. Le pouvoir exécutif est confié à un président de la République, Louis-Napoléon Bonaparte (1808-1873), élu au suffrage universel direct pour une durée de quatre ans, renouvelable seulement après une pause de quatre ans.

Peu enclin à laisser sa place au terme de ses quatre ans de présidence, Louis-Napoléon Bonaparte met fin à la IIe République par le coup d'État du 2 décembre 1851.

et c'est Napoléon III qui prend la tête

La Constitution du 14 janvier 1852

Le président de la République *« gouverne au moyen de ses ministres, du Conseil d'État, du Sénat et du Corps législatif»* (art. 3). La Constitution confie le pouvoir exécutif à Louis-Napoléon Bonaparte, devenu l'empereur Napoléon III, pour dix ans sans que son mode de réélection ne soit mentionné. Le président joue également un rôle primordial dans l'élaboration de la loi. Si l'article 4 précise que le pouvoir législatif est partagé par le président de la République, le Sénat et le Corps législatif, dans les faits seul le chef de l'État a l'initiative de la loi et dispose d'un veto absolu.

Le Corps législatif est l'unique assemblée législative mise en place. Il est élu au suffrage universel direct. Ses séances sont publiques mais peuvent se tenir en comité secret à la demande de cinq députés. Les ministres ne peuvent ni être membres de l'assemblée, ni mis en accusation par elle. Le Corps législatif a pour rôle de discuter les lois et de les voter. Si les députés disposent du droit d'amendement (modification d'un texte), ce droit est contrôlé par le Conseil d'État qui peut obliger les députés à voter un texte en bloc sans le modifier. Le Corps législatif se réunit pour une session* de trois mois en dehors de laquelle il ne peut siéger qu'à la demande du président de la République qui peut la dissoudre.

Le Sénat est une Haute Chambre de justice qui juge les crimes, les attentats ou les complots contre la sûreté de l'État. Toutes les lois votées lui sont soumises. Il en contrôle la constitutionnalité.

La fin du Second Empire sera toutefois marquée par un retour progressif au parlementarisme. En 1869, le Corps législatif conquiert l'initiative des lois et en 1870 le Sénat devient une véritable chambre législative. Mais le 4 septembre 1870 le régime s'effondre, victime de la défaite des troupes françaises à Sedan.

Suffrage universel
Le gouvernement provisoire de 1848, présidé par Dupont de l'Eure (1767-1855), proclame le suffrage universel (décret du 5 mars 1848) et abolit l'esclavage dans les possessions françaises (décret du 27 avril 1848).

La IIᵉ République est marquée par l'affrontement du pouvoir exécutif et du pouvoir législatif ce qui provoquera une réaction brutale de l'exécutif et le rétablissement de l'Empire. À la fin de l'Empire, l'assemblée législative conquiert un droit dont elle était privée : l'initiative des lois.

La Chambre des députés sous la IIIe République

IIIe République:
du 4 septembre
1870 au 13 juillet
1940

En septembre 1870, la capitulation de Napoléon III, contraint de se livrer avec ses 80 000 hommes à Sedan, provoque la chute de l'Empire. Le 4 septembre 1870, la IIIe République est proclamée.

Sénat
Élu pour neuf ans au suffrage indirect par un collège électoral, le Sénat dispose des mêmes attributions que la Chambre des députés. Il peut toutefois opposer son veto aux lois votées par la Chambre.

La Chambre des députés

Les institutions de la IIIe République sont précisées par les lois constitutionnelles de 1875.

Élue au suffrage* universel direct, la Chambre des députés dispose du pouvoir législatif*. Les députés sont élus au scrutin* uninominal majoritaire à deux tours dans le cadre de l'arrondissement*.

La session* de la Chambre s'ouvre le second mardi de janvier et dure au moins cinq mois. La clôture de la session est prononcée par le président de la République. La Chambre peut également se réunir en session extraordinaire sur la

demande de la majorité absolue des députés et de la majorité absolue des sénateurs.

La Chambre des députés dispose du droit de déposer des propositions* de loi et du droit d'amendement*. Elle contrôle, en outre, le gouvernement en lui posant des questions écrites et des questions orales, peut mettre en cause la responsabilité du gouvernement et interpeller les ministres. Son contrôle s'exerce également par le biais de commissions permanentes spécialisées. Avec le Sénat, la Chambre des députés participe à l'élection du président de la République.

Le 16 mai 1877, le maréchal de Mac-Mahon, alors chef de l'État, désapprouve par une lettre la politique de son président du Conseil, Jules Simon, qui démissionne. Le 21 juin, son successeur, Albert de Broglie, se voit refuser la confiance par la Chambre des députés. Le 25 juin, le président de la République dissout alors la chambre après avis conforme du Sénat. Mais les élections législatives qui suivirent cette dissolution* désavouèrent le président Mac-Mahon. Après cette série d'incidents, le gouvernement ne fut dorénavant responsable que devant les chambres et le pouvoir de dissolution du président ne fut plus utilisé.

Les pleins pouvoirs et les décrets-lois

Après la Première Guerre mondiale, les problèmes économiques que connaît le pays nécessitent que des mesures rapides, bien qu'impopulaires, soient prises. Les lois de pleins pouvoirs permettent donc au gouvernement de prendre, pendant un délai précis et préfixé, toutes les mesures qu'il estime nécessaires pour redresser économiquement le pays. Lorsque ces mesures modifient la législation existante, on les appelle des décrets-lois.

Empiétant sur le domaine législatif (*voir* p. 46), ce système des pleins pouvoirs pose un problème juridique. On ne peut en effet considérer qu'il s'agit d'une exceptionnelle délégation du pouvoir législatif par les parlementaires au gouvernement puisque cette délégation est inconstitutionnelle.

République
« *Le président de la République est élu à la pluralité des suffrages par le Sénat et la Chambre des députés réunis en Assemblée nationale.* » **Pour la première fois dans le texte de cet amendement déposé le 29 janvier 1875 par le député Henri Wallon, le terme « République » était utilisé.**

Scrutin proportionnel
De 1920 à 1928, les députés furent élus au scrutin proportionnel.

La Constitution de 1870 met en place deux assemblées législatives : la Chambre des députés et le Sénat. Toutes deux partagent le pouvoir législatif.

L'Assemblée nationale sous la IVᵉ République et l'acte contestable du 10 juillet 1940

La Seconde Guerre mondiale met un terme à la IIIᵉ République. De juin 1940 à août 1944, deux gouvernements coexistent et s'affrontent : celui de la France libre et celui de l'État français.

⌐L'acte contestable du 10 juillet 1940

En 1940, en pleine Seconde Guerre mondiale, le gouvernement est divisé sur l'attitude à adopter. Si une partie du gouvernement, dont Paul Reynaud le chef du gouvernement, est pour une poursuite des combats et une installation en Afrique du Nord, l'autre partie, la plus importante, se déclare favorable à l'armistice. Paul Reynaud démissionne et est remplacé par le maréchal Pétain qui signe l'armistice. À la demande du gouvernement, le Parlement* révise la Constitution* et vote la loi constitutionnelle du 10 juillet 1940. Cette loi investit le maréchal Pétain du pouvoir constituant*. L'acte constitutionnel n° II l'investira également du pouvoir exécutif* et du pouvoir législatif*.

Le 18 avril 1942, l'acte constitutionnel n° XI donne à Pierre Laval, nommé chef du gouvernement, le pouvoir législatif. Les assemblées prévues par cette loi ne seront jamais mises en place. Cette période, appelée aussi la Révolution nationale, repose sur une véritable dictature de l'exécutif.

<table>
<tr><td>IVᵉ République :
du 27 octobre 1946
au 8 janvier 1959</td></tr>
</table>

⌐L'Assemblée nationale sous la IVᵉ République

Le 21 octobre 1945, le gouvernement provisoire demande aux Français, par référendum*, de choisir entre un retour à la Constitution de 1875 et l'élection d'une constituante aux pouvoirs limités. La seconde solution sera choisie.

Instabilité gouvernementale

La IVᵉ République se caractérise par une grande instabilité gouvernementale. Certains présidents du Conseil sont renversés par des coalitions quelques jours après leur investiture. Ce fut le cas de Robert Schuman (investi le 31 août 1948 et renversé le 3 septembre 1948), de Jules Moch (investi le 13 octobre 1949 et renversé le 17 octobre 1949) et de René Mayer (investi le 20 octobre 1949 et renversé le 22 octobre 1949).

La Constitution du 27 octobre 1946 confie le pouvoir législatif à l'Assemblée nationale et au Conseil de la République.
L'Assemblée nationale est élue au suffrage* universel direct
à la représentation proportionnelle dans le cadre du département.

Jusqu'en 1954, elle vote seule les lois et afin d'éviter la pratique des décrets-lois de la IIIᵉ République (*voir* p. 12-13),
« *ne peut déléguer ce droit* » (art. 13). Après 1954, elle votera
les lois avec le Conseil de la République.

L'Assemblée nationale exerce en outre un contrôle des
actions du gouvernement et accorde ou non sa confiance
aux gouvernements qui sont tenus de lui présenter leur
programme.

L'Assemblée nationale ne peut être dissoute pendant les dix-
huit premiers mois de la législature. Une fois cette période
écoulée, cette dissolution* ne peut avoir lieu qu'après
deux crises gouvernementales provoquées par le vote, par
les députés, d'une motion de censure ou par le rejet d'une
question de confiance posée par le gouvernement.

L'instabilité gouvernementale va secouer la IVᵉ République.
Si l'Assemblée nationale empêche les gouvernements
de gouverner en refusant sa confiance, elle renonce aussi en
partie à son pouvoir législatif en laissant le gouvernement
prendre des décisions importantes qui pourtant relèvent
de son domaine. La IVᵉ République s'effondre en 1958.

La Libération
À la Libération,
le gouvernement
provisoire alors mis
en place frappera
de nullité la loi
constitutionnelle
du 10 juillet 1940
(ordonnance du
9 août 1944).

Si, de 1940 à 1944,
les pouvoirs
sont détenus par
un seul homme,
le maréchal Pétain,
de par la loi
du 10 juillet 1940,
la Constitution
de 1946 remet
en place un système
d'assemblées.

L'Assemblée nationale sous la Ve République

Le 4 octobre 1958 une nouvelle **Constitution** était promulguée par le président de la République René Coty, donnant ainsi naissance à la Ve République.

Promulgation

Pour être appliquée, une loi votée par le Parlement doit être promulguée par le président de la République et publiée au Journal officiel. Cette promulgation intervient dans les quinze jours qui suivent son adoption. Si le président de la République ne peut refuser de promulguer une loi, il peut par contre demander au Parlement une nouvelle délibération.

Article 16

Cet article de la Constitution de 1958 autorise le président de la République à se saisir de tous les pouvoirs dans des circonstances exceptionnelles (institutions de la République menacées par exemple).

L'Assemblée nationale dans la Constitution de 1958

La Constitution* de 1958 met en place deux chambres parlementaires : l'Assemblée nationale et le Sénat. Les députés de l'Assemblée nationale sont élus au suffrage* universel direct alors que les sénateurs le sont au suffrage universel indirect par un collège électoral.

Détentrice du pouvoir législatif*, l'Assemblée nationale a pour rôle, tout comme le Sénat, de proposer, d'étudier, de discuter et de voter les lois. Elle contrôle aussi l'action du gouvernement qui est responsable devant elle.

La dissolution

Après avoir consulté pour avis le Premier ministre et les présidents des deux assemblées parlementaires, le président de la République peut dissoudre l'Assemblée nationale (art. 12 de la Constitution de 1958). Cette dissolution* est toutefois impossible pendant l'application de l'article 16 de la Constitution et lors de l'intérim présidentiel.

Au cours de la Vᵉ République, l'Assemblée nationale a été dissoute cinq fois: en 1962, en 1968, en 1981, en 1988 et tout dernièrement en 1997.

En 1976, le Premier ministre Jacques Chirac avait demandé au président de la République Valéry Giscard d'Estaing de dissoudre l'Assemblée nationale, deux ans avant l'échéance du mandat des députés.

Le président refusa, la dissolution étant une prérogative constitutionnelle dont il est le seul à disposer. Ce refus fut l'une des raisons qui poussa Jacques Chirac à démissionner en août 1976.

Le même cas s'était déjà posé en 1968 lorsque Georges Pompidou, suite aux événements de mai 68, menaça de démissionner si le général de Gaulle refusait de dissoudre l'Assemblée nationale. Cette fois, le président prononça la dissolution mais, indisposé par l'intervention pressante du Premier ministre, remplaça ce dernier par Maurice Couve de Murville.

En 1988, François Mitterrand, alors réélu comme président de la République, décide de dissoudre l'Assemblée nationale afin d'y ramener la majorité en sa faveur.

Enfin, en 1997, c'est sur l'insistance de son Premier ministre, Alain Juppé, que Jacques Chirac prononça la dissolution de l'Assemblée nationale. Après les résultats négatifs du premier tour des élections législatives*, le 25 mai 1997, pour la majorité sortante, Alain Juppé annonça que quels que soient les résultats du second tour, il mettrait fin à ses fonctions. Cela ne put empêcher la défaite de la majorité sortante lors du second tour, le 1er juin 1997.

> Sous la Vᵉ République, l'Assemblée nationale est la chambre du Parlement élue au suffrage universel direct. Elle peut être dissoute par le président de la République.

Le financement des partis politiques

Pendant les campagnes électorales, les partis politiques rémunèrent des permanents, louent des salles pour leurs réunions, financent des affiches, des tracts, des journaux... Ils ont donc besoin d'argent pour fonctionner.

Les aides publiques

Jusqu'en 1988, le financement des partis politiques était entièrement autonome. Depuis la loi du 11 mars 1988 et celles du 15 janvier 1990 et du 29 janvier 1993, ce financement est en partie public.

Chaque année, l'État verse deux sortes d'aides aux partis politiques. La première aide est destinée aux partis qui ont présenté des candidats aux dernières élections législatives dans au moins 75 circonscriptions*. Elle est proportionnelle au nombre de voix obtenues. L'État leur verse également une aide proportionnelle au nombre de leurs députés au sein de l'Assemblée nationale.

La loi du 19 novembre 1995 permet toutefois à un mouvement ou un parti politique qui ne bénéficie pas de ces aides de percevoir une contribution forfaitaire de l'État de 2 millions de francs à condition qu'il ait reçu, en un an, au minimum 1 million de francs de dons versés par au moins 10 000 personnes physiques parmi lesquelles cinq cents élus d'au moins trente départements différents. La loi du 19 novembre 1995 interdit en effet le financement des partis politiques par des personnes morales (entreprises…) y compris lors des périodes électorales. Outre ces aides publiques, les partis politiques perçoivent les cotisations de leurs adhérents et reçoivent des dons de leurs sympathisants.

Le contrôle du financement des campagnes électorales

Il est maintenant très strict. Depuis la loi de 1990, un candidat ne peut directement recueillir des fonds. Il doit désigner une association de financement ou un mandataire financier dont la mission est d'enregistrer par écrit les fonds recueillis pendant la campagne. Pour que toutes les opérations puissent être contrôlées, cette personne ou cette association ouvre obligatoirement un compte postal ou bancaire. L'élection terminée, le mandataire financier cesse ses fonctions dans les trois mois qui suivent le dépôt de compte du candidat. Tout candidat est également dans l'obligation d'établir un compte de campagne (recettes et dépenses) tenu par un expert-comptable et déposé à la préfecture du département. La Commission nationale des comptes de campagne et des financements politiques (CCFP) saisit le Conseil constitutionnel* si elle constate une infraction à la réglementation. Les députés, comme les sénateurs, doivent adresser à la CCFP une déclaration de patrimoine.

Les députés transmettent également au Bureau de l'Assemblée nationale un document déclarant sur l'honneur leurs activités, professionnelles ou non, lucratives ou pas.

CCFP
La Commission nationale des comptes de campagne et des financements politiques se compose de trois membres de la Cour des comptes, de trois membres du Conseil d'État et trois membres de la Cour de cassation.

250 000 francs
C'est la somme maximale que peut dépenser lors de sa campagne électorale un candidat aux élections législatives. Cette somme est majorée de 1 F par habitant de la circonscription (soit par exemple 300 000 F pour une circonscription de 50 000 habitants). Le Conseil constitutionnel peut annuler l'élection d'un député pour dépassement de ses frais de campagne.

Il a fallu attendre 1988 pour que le financement des partis politiques soit réglementé et contrôlé et 1995 pour que les entreprises se voient interdire le versement de dons à ces mêmes partis.

La réglementation de la campagne législative

L'élection législative étant, avec celle du président de la République, la plus importante, un encadrement juridique de la campagne s'impose.

Publicité politique
Elle est interdite pendant les trois mois précédant le premier jour du mois d'une élection et jusqu'à la date du jour du scrutin. Cette disposition vise à ne pas favoriser les gros partis qui disposent de moyens financiers plus importants que les petits partis.

Temps de parole
Lors des élections de 1997, un problème nouveau a été soulevé : comment comptabiliser le temps de parole d'un élu ou représentant politique national qui tout en appartenant officiellement à la majorité ou à l'opposition critique vivement les prises de position de son propre camp ?

La télévision

Le Conseil supérieur de l'audiovisuel (CSA) contrôle l'égalité d'audience entre la majorité et l'opposition sur les chaînes de télévision du service public. Il se compose de neuf membres dont trois nommés par le président de la République, trois par le président du Sénat* et trois par le président de l'Assemblée nationale. Une commission, composée d'un conseiller d'État, d'un représentant du ministre chargé de la Communication et d'un représentant du ministère de l'Intérieur, établit la liste des mouvements ou des partis politiques qui peuvent participer à cette campagne officielle audiovisuelle. Les partis représentés à l'Assemblée nationale par un groupe politique y participent de droit, alors que ceux qui n'ont pas de députés sortants peuvent y avoir accès seulement s'ils présentent au moins 50 candidats

aux élections législatives. Les chaînes privées (TF1, M6 et Canal +) ne sont pas soumises à l'obligation de diffuser la campagne électorale officielle. Elles invitent pourtant régulièrement dans leurs journaux télévisés les principaux responsables politiques. Afin d'éviter toute dérive, le cahier des charges de concession (obligations imposées aux chaînes pour que l'État les autorise à émettre) mentionne clairement qu'elles doivent respecter le pluralisme politique.

Les sondages électoraux

Un organisme public, la Commission des sondages, a pour mission de vérifier le respect de la déontologie des sondages électoraux qui doivent indiquer le nombre de personnes interrogées, la date de leur réalisation, l'organisme ayant procédé aux sondages ainsi que les commanditaires (chaînes de télévision, journaux…).

La semaine qui précède le premier tour et celle qui précède le second tour des élections, toute publication ou diffusion de sondages est interdite. La loi n'interdit pas expressément la réalisation de sondages s'ils ne sont pas publiés. Cela a motivé certains journaux (*France-Soir, Le Parisien…*), lors des dernières élections législatives de 1997, à reproduire des sondages publiés à l'étranger afin de dénoncer une certaine forme d'hypocrisie d'une loi vieille de vingt ans (19 juillet 1977). En effet seules quelques personnes bien informées (partis politiques, Bourse) ont accès aux sondages pendant cette période alors que les Français eux n'en disposent pas. Si des infractions à la réglementation de la campagne sont « *de nature à porter atteinte à la sincérité du scrutin*» le Conseil constitutionnel* peut procéder à l'annulation de l'élection.

L'interdiction de publier des sondages
Elle s'arrête à la fermeture du dernier bureau de vote en métropole.
Ce qui permet à chaque Français de découvrir à 20 heures précises les premières estimations (basées notamment sur l'interrogation d'électeurs à la sortie des urnes) des instituts de sondages.

Contrairement aux États-Unis où les sondages sont autorisés jusqu'au jour même des élections, la France dispose avec la loi du 19 juillet 1977 d'une réglementation sévère en la matière que certains jugent dépassée.

Mode de scrutin

Alors que les électeurs élisent directement les députés au suffrage universel direct, le mode de scrutin, dans ses modalités pratiques, n'est pas inscrit dans la Constitution.

Élections du 16 mars 1986

Lors de ces élections, les députés ont été élus au scrutin proportionnel conformément au programme du candidat présidentiel François Mitterrand (110 propositions) qui, une fois élu, a demandé aux députés d'instaurer ce mode de scrutin.

Les élections législatives dans la Constitution de 1958

Aucun texte dans la Constitution* de 1958 ne précise expressément le mode de scrutin (majoritaire ou proportionnel) direct utilisé pour désigner les députés. L'article 24 alinéa 2 de la Constitution de 1958 dispose simplement que « *les députés à l'Assemblée nationale sont élus au suffrage* direct* » et l'article 34 que « *c'est la loi qui fixe les règles concer-*

nant le régime électoral des assemblées parlementaires».
Hormis la période 1986-1988, le scrutin uninominal
majoritaire à deux tours a toujours été celui choisi sous
la Vᵉ République pour les élections législatives.

Le scrutin majoritaire

Pour être élu au premier tour, un candidat doit obtenir
la majorité des suffrages exprimés, soit 50% plus une voix
et recueillir les suffrages d'au moins un quart des électeurs
inscrits. Cette dernière condition tend à éviter qu'un député
ne soit élu au premier tour alors que peu d'électeurs ont voté.
Tout candidat ayant obtenu au moins 12,5% des voix
des électeurs inscrits peut se maintenir au second tour. Est
élu alors le candidat arrivant en tête.

Le scrutin choisi, uninominal majoritaire à deux tours,
a le mérite de dégager des majorités claires et cohérentes
à l'Assemblée nationale alors que l'autre système, dit proportionnel (répartition des sièges en fonction du nombre
de voix obtenu par les listes en présence), multiplie la dis-
parité des députés et rend donc plus difficile l'établissement
d'une majorité cohérente.

Le scrutin majoritaire permet en outre à l'électeur d'effectuer au premier tour un choix réel même s'il a conscience
que son candidat n'a que peu de chance de l'emporter.
Au second tour l'électeur pourra, le cas échéant, voter contre
le candidat qu'il ne souhaite pas voir élu en choisissant son
concurrent.

Enfin, et surtout, pour avoir des candidats élus, les partis
politiques sont dans l'obligation de passer entre eux
des accords de désistement comme ceux existant entre
le RPR et l'UDF à droite ou entre le PS et le PC à gauche.
De ces accords de désistement naissent des accords sur
les programmes politiques qui serviront de base commune
pour une coalition majoritaire. Il s'agit donc d'un mode
de scrutin qui clarifie la vie politique française.

L'inconvénient majeur reste dans la minoration des petits
partis ou de ceux qui ne trouvent pas avec les autres partis
des possibilités de désistement.

577
C'est le nombre
de députés élus
lors des élections
législatives dans
les cent départe-
ments français,
les deux collectivités
territoriales à statut
particulier (Mayotte
et Saint-Pierre-
et- Miquelon)
et les territoires
d'Outre-mer
(Nouvelle-Calédonie
et dépendances,
Polynésie française
et Wallis et Futuna).
Chaque département
comprend entre
deux et vingt-quatre
circonscriptions
selon son importance
démographique.
Chaque circonscrip-
tion élit un député.

Hormis
les élections
du 16 mars 1986,
les députés
ont toujours
été élus sous
la Vᵉ République
au scrutin uni-
nominal majoritaire
à deux tours.

Le contentieux électoral

Sous la IVe République, c'était l'Assemblée nationale qui procédait à la validation des élections ce qui créa, parfois, certaines difficultés.

bon

mauvais

Les réclamations

« *Le Conseil constitutionnel statue, en cas de contestation, sur la régularité de l'élection des députés et des sénateurs* » (art. 59 de la Constitution* de 1958). La Ve République a donc rendu plus impartial le contrôle des opérations électorales en le confiant au Conseil constitutionnel*.

Tous les électeurs et les candidats peuvent déposer un recours devant le Conseil constitutionnel en s'adressant soit au secrétariat général du Conseil constitutionnel, soit au préfet du département qui transmet la requête. Mais seuls les électeurs inscrits dans la circonscription où a eu lieu l'élection et les candidats qui se sont présentés à cette élection sont autorisés à la contester. Les réclamations doivent être effectuées dans les dix jours qui suivent la proclamation des résultats. Ce délai est volontairement court afin que ne pèsent sur le sort des élus trop d'incertitudes et une remise en cause permanente du processus démocratique.

34
C'est le nombre de requêtes déposées auprès du Conseil constitutionnel en 1986.
On en dénombrait 94 en 1988, 143 en 1993 et 162 en 1997.

Le Conseil constitutionnel a interprété de manière restrictive ses pouvoirs de juge de l'élection. Il ne se considère en effet que juge de l'élection elle-même, mais ne se reconnaît pas le droit de rectifier les suffrages d'un candidat battu afin qu'il puisse atteindre le seuil de remboursement (fixé à 5 %). Il a d'abord adopté cette position dès 1958, puis s'est assoupli en acceptant de rectifier les suffrages annulés d'un candidat alors que l'irrégularité était sans gravité. Cet assouplissement s'explique par le fait qu'aucun autre juge ne s'estimait compétent, ce qui entraînait un vide juridique.

L'annulation d'une élection

Le Conseil statue de manière souveraine et peut, sans qu'un appel ne soit possible, annuler l'élection ou rejeter la requête. Il ne peut par contre se saisir seul (un électeur ou un candidat doit déposer une contestation).

> **Annulation**
> Les décisions d'annulation d'élections sont rares. Il y en a eu 44 depuis 1958 (sans compter les éventuelles annulations des dernières élections législatives de 1997).

Mais le Conseil n'annule une élection que si les irrégularités sont suffisantes pour fausser le résultat de l'élection. Ainsi la diffusion de tracts dans la journée précédant le scrutin contenant des éléments nouveaux et de nature à discréditer un candidat peut entraîner l'annulation des élections. Cependant, le juge regardera si l'écart de voix entre les candidats est faible ou fort.

Ces annulations donnent lieu à des élections partielles qui peuvent parfois avoir valeur de test électoral national. Ainsi en 1981, après la victoire des socialistes en juin, les quatre partielles qui suivirent montrèrent une inversion de tendance. Elles équivalurent à un sondage grandeur nature de l'opinion des Français sur le gouvernement. Depuis les réformes concernant le financement des partis politiques (*voir* pp. 18-19), le contentieux électoral s'est enrichi, les dépenses des candidats étant maintenant attentivement contrôlées. Un dépassement du plafond légal des dépenses est considéré comme une irrégularité et peut entraîner l'inéligibilité de l'élu pendant un an et provoquer de nouvelles élections.

> La régularité des élections législatives est contrôlée par le Conseil constitutionnel. Tout électeur ou candidat peut y déposer une réclamation s'il estime l'élection d'un député irrégulière.

L'éligibilité

Dans une démocratie, tout citoyen, sous certaines conditions, est en droit de poser sa candidature à l'Assemblée nationale.

Nationalité française
Depuis la loi du 20 décembre 1983, toute personne qui a acquis la nationalité française, «*jouit de tous les droits et est tenue à toutes les obligations attachées à la qualité de Français à dater du jour de cette acquisition*». Avant cette loi, une personne nouvellement naturalisée française devait attendre dix ans pour être candidate.

Les conditions d'éligibilité

La première des conditions à remplir est de disposer du droit de vote. Il faut également être âgé d'au moins 23 ans, être de nationalité française et avoir satisfait aux obligations militaires. Tout candidat ayant un casier judiciaire empêchant de manière temporaire ou définitive son inscription sur une liste électorale ne peut se présenter. Notons que la loi du 11 mars 1986 interdit l'éligibilité pour un an d'un parlementaire qui n'a pas déposé sa déclaration de patrimoine. Les fonctionnaires d'autorité tels les magistrats, trésoriers-payeurs généraux ou recteurs d'académie ne peuvent être élus dans la circonscription où ils ont exercé leur activité les dix derniers mois qui précèdent l'élection. De même un préfet ne peut se présenter dans la circonscription où il officiait avant de démissionner et ce pendant une période de trois ans (pour les sous-préfets le délai est ramené à un an). Un sénateur peut se présenter à une élection législative mais une fois élu il devra obligatoirement, en vertu de la règle de non cumul des mandats, quitter son siège de sénateur.

Le médiateur de la République
Désigné par le président de la République pour régler les problèmes entre les administrés et l'Administration, le médiateur de la République ne peut se présenter dans aucune circonscription.

La démarche à suivre

Le candidat doit déposer à la préfecture du département une déclaration de candidature. Cette démarche doit être effectuée personnellement.

S'il estime une déclaration de candidature non recevable, le préfet saisit dans les 24 heures le tribunal administratif de la circonscription qui se prononce dans les trois jours. Ce jugement peut faire l'objet d'un recours devant le Conseil constitutionnel* mais seulement après la proclamation des résultats. C'est le Conseil constitutionnel qui prononce la déchéance parlementaire en cas d'inéligibilité révélée après la proclamation définitive des résultats.

Proclamation des résultats

Après sa fermeture, chaque bureau de vote dépouille les bulletins, décompte les suffrages puis les transmet à son chef-lieu de département. Là, une commission locale de recensement des votes, composée d'un magistrat, de deux juges, d'un élu du conseil général et d'un fonctionnaire nommé par le préfet, recense tous les votes du département. Chaque département transmet alors les résultats au ministère de l'Intérieur qui les centralise puis les communique à l'Assemblée nationale.

Tout Français âgé d'au moins 23 ans et régulièrement inscrit sur les listes électorales peut se porter candidat aux élections législatives. L'éligibilité fait toutefois l'objet d'un contrôle sévère de la part du Conseil constitutionnel.

Les incompatibilités

Il ne faut pas confondre inéligibilité et incompatibilité. Si l'inéligibilité empêche un candidat de se présenter à une élection, l'incompatibilité oblige simplement le nouveau député à choisir entre son mandat et sa fonction publique ou sa profession.

Publicité
Il est interdit à un député de mentionner, sous son nom, son mandat de député dans une publicité pour une entreprise privée.

Statut de député et fonction non élective

Un député ne peut pas cumuler son mandat avec une fonction publique non élective. Ce principe fut posé dès la IIe République à la suite des abus constatés sous la monarchie de Juillet où le nombre de fonctionnaires députés avoisinait le tiers des membres de l'Assemblée. En tant que représentant de la souveraineté nationale*, le député se doit en effet d'être indépendant à l'égard du gouvernement. Or un fonctionnaire perçoit non seulement un traitement de l'État ou des collectivités territoriales (communes, départements, régions) mais surtout se doit de respecter, dans son service, un certain nombre d'obligations (obéissance, devoir de neutralité…) ce qui semble incompatible avec la liberté de parole dont doit pouvoir bénéficier un député.

De même, un député ne peut occuper des fonctions de direction au sein des entreprises nationales et des établissements publics, exercer une mission pour un État étranger ou une organisation internationale, être magistrat…

Il existe toutefois quelques exceptions à cette règle. Ainsi rien n'empêche un député d'être professeur titulaire de l'enseignement supérieur, ministre du culte

vous demandez le maire le chef d'entreprise ou le député ?

ou délégué du gouvernement aux cultes dans les départements d'Alsace et de Moselle (statut particulier).
De même, les députés peuvent le demeurer lorsqu'ils sont chargés officiellement d'une mission par le gouvernement qui n'excède pas six mois. En ce qui concerne les mandats électifs (sénateur, conseiller régional…), un député ne peut cumuler son mandat qu'avec un autre mandat électif (*voir* pp. 30-31).

Jury de cour d'assises
Un député ne peut participer à un jury de cour d'assises.

Incompatibilités et activités professionnelles

Un député reçoit une indemnité parlementaire pour exercer son mandat. Il peut, toutefois, continuer à exercer son activité professionnelle sauf s'il existe un risque manifeste de collusion entre la politique et les affaires. Cela peut être le cas pour des fonctions de direction dans des entreprises de trois types : entreprises subventionnées par l'État ou des collectivités locales ; entreprises travaillant avec l'État ou les collectivités locales (travaux publics) ; les entreprises dont plus de la moitié du capital est constituée de participations de sociétés, entreprises ou établissements publics. Le régime juridique mis en place en cas d'incompatibilité est relativement souple pour un parlementaire. Dans les quinze jours qui suivent son entrée officielle en fonction, le député doit déclarer au Bureau de son assemblée les activités professionnelles qu'il envisage de conserver. Le Bureau étudie la compatibilité et peut, en cas de contestation (comme des parlementaires et le ministre de la Justice) saisir le Conseil constitutionnel* qui statue en dernier ressort. Si l'incompatibilité est constatée, le député a quinze jours pour régulariser sa situation et s'il ne le fait pas il est alors démissionné d'office par le Conseil constitutionnel.

> Les incompatibilités qui existent entre certaines fonctions publiques ou certaines professions et le mandat parlementaire assurent la protection et l'indépendance du député vis-à-vis du pouvoir politique ou du pouvoir économique.

Le mandat de député

Bien qu'élu par une circonscription*, un député est investi d'un mandat national. Il représente non pas uniquement sa circonscription mais la Nation tout entière.

La durée du mandat

Elle est normalement de cinq ans mais un député peut voir son mandat* écourté: en cas de dissolution* de l'Assemblée nationale, s'il démissionne, s'il est nommé au gouvernement ou si ce dernier lui confie une mission supérieure à six mois, ou si la déchéance de son mandat est prononcée par le Conseil constitutionnel* pour inéligibilité postérieure à son élection ou à cause d'une condamnation entraînant la privation de ses droits civiques.

Lorsque le siège d'un député devient vacant, son suppléant, élu en même temps que lui, le remplace. Des élections partielles ne sont organisées que si le député démissionne. Cette disposition évite ainsi qu'un candidat ne se fasse élire uniquement pour permettre à son suppléant de siéger à l'Assemblée nationale.

Le cumul des mandats

Depuis la loi du 30 décembre 1985, un député ne peut cumuler son mandat avec plus d'un autre mandat électoral suivant: représentant au Parlement européen, conseiller régional, conseiller général, conseiller de Paris, maire d'une commune de 20 000 habitants ou plus ou adjoint au maire d'une commune de 100 000 habitants ou plus. Il ne peut non plus être investi d'un autre mandat national, c'est-à-dire qu'il ne peut être à la fois député et sénateur. Cette interdiction n'empêche nullement un candidat de se présenter. Mais il lui faudra choisir, dans les quinze jours qui suivent l'élection, les mandats qu'il conserve. S'il ne choisit pas, le dernier mandat acquis est alors annulé d'office. On constate que ce sont les mandats parlementaires (député et sénateur) et municipaux qui sont le plus fréquemment choisis au détriment de tous les autres. Dans son programme lors des dernières élections législatives de 1997, le parti socialiste envisage un nouvel examen de la question du cumul des mandats par le Parlement*.

Indemnité de fin de mandat

Depuis 1994, comme les anciens ministres, les députés non réélus perçoivent pendant six mois une aide financière.

L'indemnité parlementaire

Elle est la garantie de l'indépendance du député et permet à tout citoyen, quels que soient ses revenus, de prétendre à un mandat parlementaire. Instituée dès l'Ancien Régime, l'indemnité parlementaire fut toutefois supprimée sous la Restauration (1814-1830) et la monarchie de Juillet (1830-1848) puis inscrite dans la Constitution de 1848. En 1997, cette indemnité se monte à plus de 33 000 F bruts par mois. Somme sur laquelle les députés payent des impôts. À cette indemnité s'ajoute une indemnité de fonction de 8 260,84 F, une indemnité de secrétariat de 34 584 F non imposable et une allocation d'environ 40 000 F destinée à rémunérer trois assistants parlementaires.

Les députés voyagent gratuitement en train, bénéficient de quarante billets d'avion aller-retour entre Paris et leur circonscription et de six billets aller-retour en France métropolitaine, d'une poste pour envoyer gratuitement leur courrier, du téléphone gratuit de Paris vers leur département et d'un bureau. Chaque député reverse tous les mois une partie de son indemnité, de 3 000 F à 15 000 F, à son parti politique.

52 000 francs

C'est le montant de l'indemnité perçue par les parlementaires allemands et américains contre 40 000 F pour les Anglais et 41 000 F pour les Italiens.

Élu pour un mandat de cinq ans, chaque député perçoit une indemnité qui est la garantie de son indépendance. La loi du 30 juillet 1985 limite le cumul des mandats électoraux.

Les immunités parlementaires

Elles mettent les députés à l'abri des pressions de toutes sortes, gouvernementales ou non. Elles découlent du principe de la séparation des pouvoirs* en préservant la liberté d'expression des députés.

L'irresponsabilité

«Aucun membre du Parlement ne peut être poursuivi, recherché, arrêté, détenu ou jugé à l'occasion des opinions ou des votes émis par lui dans l'exercice de ses fonctions» (art. 26 de la Constitution*). L'irresponsabilité permet donc aux députés de s'exprimer librement dans le cadre de leurs fonctions. Elle est perpétuelle c'est-à-dire qu'elle ne cesse pas avec l'expiration du mandat* de député. Cela évite qu'un député non réélu soit poursuivi pour des propos tenus lorsqu'il était encore député. Elle est aussi absolue puisqu'elle concerne tous les actes des députés effectués au sein de l'Assemblée nationale de par leur mandat électoral (propos tenus, votes, rapports, missions confiées par l'Assemblée).

Cette irresponsabilité ne place nullement les députés au-dessus des lois. En dehors de l'enceinte de l'Assemblée nationale et lorsqu'ils agissent en tant que personne privée, les députés sont en effet responsables de leurs actes, de leurs propos et de leurs écrits que ce soit lors d'une réunion publique, d'une émission de télévision ou dans un article paru dans un journal par exemple. Dans l'hémicycle*, un député peut également se voir sanctionné par le président de l'Assemblée nationale si, par exemple, il profère des injures à un autre député. Le président peut alors le rappeler à l'ordre et, s'il persiste, le rappeler à l'ordre une deuxième fois et l'inscrire sur le procès-verbal de la séance. Le député se voit alors privé d'un quart de ses indemnités pendant un mois. Pour des désordres plus graves (appel à la violence, outrage à l'Assemblée, injures

Maréchal Pétain
En 1945 on a dérogé au principe d'irresponsabilité parlementaire en frappant d'inéligibilité les parlementaires qui avaient voté les pleins pouvoirs au maréchal Pétain le 10 juillet 1940.

envers le président de la République…), l'Assemblée peut prononcer contre le député, la censure simple qui entraîne une perte des indemnités pendant un mois ou la censure avec exclusion temporaire qui suspend le versement des indemnités parlementaires pendant deux mois.

L'inviolabilité

La Constitution de 1958 indique qu'aucun député ne peut être poursuivi ou arrêté sans l'autorisation de l'Assemblée nationale pendant la session et, en dehors des sessions, sans autorisation du Bureau sauf s'il y a flagrant délit. Mais les multiples affaires de corruption qui ont choqué l'opinion publique ont rendu nécessaire une modification de la Constitution.

Depuis la révision de 1995, c'est au Bureau seul que revient la responsabilité de donner son autorisation pour une levée de l'immunité parlementaire mais cette autorisation ne concerne plus que l'arrestation d'un député. Aujourd'hui, un député peut donc être mis en examen par un juge d'instruction sans accord préalable de l'Assemblée. Par contre, l'Assemblée a toujours le pouvoir de suspendre la détention ou la poursuite d'un de ses membres pour toute la durée de la session.

Geste d'humeur
Un geste d'humeur d'un député envers un autre député relève de la discipline de l'Assemblée nationale alors que ce même geste d'humeur envers un journaliste, par exemple, relève du droit privé.

> Il existe deux types d'immunité parlementaire : l'irresponsabilité qui est perpétuelle et absolue et l'inviolabilité.

Le principe d'autonomie de l'Assemblée

La séparation des pouvoirs* est une règle fondamentale de la République.
Elle permet l'indépendance du pouvoir législatif* vis-à-vis du pouvoir exécutif* et assure ainsi un fonctionnement démocratique.

Une autonomie de fonctionnement

L'Assemblée est autonome dans la fixation de ses règles. Le Conseil constitutionnel* en contrôle depuis 1958 leur conformité à la Constitution*. Voulu par la Constitution de 1958, on a toutefois pu constater que ce contrôle se relâchait au fil du temps. Ainsi en 1995, le Conseil constitutionnel s'est-il limité à interpréter les règles qui fixent la session unique.

Une autonomie financière

Il faut toutefois émettre des réserves sur cette autonomie financière. Si ce sont bien les questeurs (*voir* pp. 36-37) aidés des services de l'Assemblée qui préparent le budget, en revanche les crédits sont fixés par une commission constituée de six questeurs (trois de l'Assemblée nationale, trois du Sénat) et présidée par un président de chambre à la Cour des comptes (instance qui contrôle les comptes de l'État) assisté de deux magistrats de la même Cour. Cette commission transmet au ministre des Finances le projet de dotation. Les dépenses sont principalement des dépenses en personnel ou en rémunération des députés. L'exécution du budget est assurée par les questeurs. Leurs comptes sont contrôlés par une commission de quinze députés élus à la proportionnelle qui les examine et approuve ou non la gestion des crédits.

L'autonomie financière est pourtant bien réelle car on voit mal un magistrat de la Cour des comptes s'immiscer dans le fonctionnement d'une assemblée législative.

2,65 milliards de francs
C'est le budget alloué à l'Assemblée nationale en 1996.

⌐Une autonomie administrative

Les 1 220 personnes employées par l'Assemblée sont des fonctionnaires civils de l'État ne relevant pas du statut général des fonctionnaires mais soumis à un statut autonome des services de l'Assemblée. Ils se répartissent en deux catégories : ceux affectés aux services législatifs (secrétariat général de la présidence, de la séance, des commissions, bibliothèques, archives…) et qui assistent les députés et ceux affectés aux services administratifs (service médical, affaires administratives, gestion du personnel…). Le secrétaire général de l'Assemblée et de la présidence dirige les services législatifs et le secrétaire général de la Questure dirige les services administratifs. Depuis 1976, sous l'impulsion d'Edgar Faure, alors président de l'Assemblée, chaque député dispose d'un crédit mensuel lui permettant d'embaucher à titre personnel des assistants. Ce système lui permet de s'entourer de collaborateurs proches et loyaux. Enfin l'Assemblée est autonome en matière de sécurité et de police. Le président de l'Assemblée veille à la sûreté intérieure des séances qu'il préside.

Une ville dans la ville

Véritable petite ville dans la ville, l'Assemblée nationale dispose au cœur de Paris, au Palais-Bourbon, de toutes les structures nécessaires à son fonctionnement : une centrale électrique, deux imprimeries, trois restaurants, un bureau de poste, un kiosque, un bureau de tabac, un salon de coiffure, une salle de sport et un service médical.

on est quand même bien chez nous

Conformément au principe de la séparation des pouvoirs, l'Assemblée nationale bénéficie d'une autonomie financière mais aussi d'une autonomie de fonctionnement.

Le président de l'Assemblée nationale

Le président de l'Assemblée nationale est le quatrième personnage de l'État. Dans l'ordre protocolaire il vient après le président de la République, le Premier ministre et le président du Sénat.

Hôtel de Lassay
Situé dans l'enceinte de l'Assemblée, c'est là que réside le président de l'Assemblée.

L'élection du président

Elle se déroule lors de la première séance qui a lieu après les élections législatives. Un bureau appelé «bureau d'âge» présidé par le doyen en âge des députés (actuellement M. Charles Ehrman, député des Alpes-Maritimes) et composé des six plus jeunes députés procède à l'élection du président.

Après que le doyen a prononcé un discours incitant les élus à respecter leurs devoirs d'élus du peuple, l'élection a lieu au scrutin secret majoritaire à trois tours.

L'article 32 de la Constitution* précise que « *le président de l'Assemblée nationale est élu pour la durée de la législature* » c'est-à-dire, sauf cas de dissolution*, pour une période de cinq ans.

Perchoir
Hérité du Conseil des Cinq-Cents (1795), on appelle ainsi le fauteuil dans lequel est assis le président pour diriger les débats.

Les fonctions du président

C'est lui qui organise et conduit les débats parlementaires et qui veille à faire régner l'ordre au sein de l'hémicycle*. Il convoque la conférence des présidents *(voir* pp. 42-43) qui fixe le calendrier des travaux de l'Assemblée.

Tout comme le président du Sénat*, le président de l'Assemblée nationale est consulté par le président de la République en cas de mise en œuvre de l'article 16 de la Constitution (pouvoirs exceptionnels) et avant la dissolution de l'Assemblée nationale (art. 12).

Le président de l'Assemblée dispose d'un pouvoir de nomination important, comme celui de désigner, de manière discrétionnaire, trois des neuf membres du Conseil constitutionnel* ou trois des membres du Conseil supérieur de l'audiovisuel (CSA). Ses pouvoirs sont importants puisqu'en cas de désaccord avec le gouvernement sur la nature

> **Messages présidentiels**
> Le président de la République ne peut se rendre à l'Assemblée nationale, conformément au principe de la séparation des pouvoirs*, il peut par contre transmettre aux députés un message qui leur sera lu par le président de l'Assemblée mais sans faire l'objet d'un débat.

législative ou réglementaire d'une proposition de loi ou d'un amendement *(voir* pp. 46-47), il peut saisir le Conseil constitutionnel.

S'il estime qu'un engagement international comporte une clause contraire à la Constitution, le président de l'Assemblée nationale peut demander à ce même Conseil d'en vérifier le fondement. Enfin, et surtout, il peut déférer (comme le président de la République, le Premier ministre, le président du Sénat, 60 députés ou 60 sénateurs) au Conseil constitutionnel une loi qu'il estime non conforme à la Constitution avant qu'elle ne soit promulguée (art. 61 de la Constitution).

Depuis 1958 sept députés ont été élus président de l'Assemblée nationale. Quatre de droite: Jacques Chaban-Delmas (1958-1969, 1978-1981 et 1986-1988), Achille Peretti (1969-1973), Edgar Faure (1973-1978) et Philippe Séguin (1993-1997) et trois de gauche: Louis Mermaz (1981-1986), Laurent Fabius (1988-1992 et depuis 1997) et Henri Emmanuelli (1992-1993).

> Élu par ses pairs et en leur sein, le président de l'Assemblée nationale est le président de tous les députés et est garant du bon fonctionnement de l'Assemblée.

Le Bureau

Composé de 22 membres, le Bureau de l'Assemblée est élu par les députés lors de la première séance qui suit les élections législatives.

Sa composition

Présidé par le président de l'Assemblée nationale, le Bureau comprend six vice-présidents, trois questeurs et douze secrétaires. Il est élu ou désigné par consensus immédiatement après le président de l'Assemblée. Il est de tradition que le Bureau s'efforce de reproduire la configuration de l'Assemblée et que l'opposition y ait sa place.

Ses attributions

Le Bureau règle le travail de l'Assemblée. Il dispose de nombreux pouvoirs en matière de discipline, d'incompatibilité, de vérification des délégations de vote, de réception des déclarations de patrimoine des députés. Il peut ainsi interpréter et compléter le règlement de l'Assemblée dont il organise et dirige les services. Ces services sont chargés, sous l'autorité du président de l'Assemblée, d'aider les députés et les organes de l'Assemblée dans leur travail législatif.

Le Bureau peut aussi intervenir lors d'une séance publique pour sanctionner un membre de l'Assemblée pour manquement à la discipline. Sous l'autorité des questeurs, il assure la gestion administrative et financière de l'Assemblée nationale.

Le Bureau juge de la recevabilité financière des propositions de loi* qui lui sont transmises et, sur la demande du président de l'Assemblée, des amendements*.

Les vice-présidents président les débats en l'absence du président. Il existe entre eux un ordre de préséance mais qui ne joue pas un rôle extrêmement important.

Les trois questeurs ont un rôle très important. Ils sont chargés de la gestion financière et administrative de l'Assemblée. Ce sont eux qui fixent et exécutent le budget de l'Assemblée nationale. Aucune nouvelle dépense ne peut

Procès-verbal des séances
Il est authentifié par deux secrétaires et par le président de l'Assemblée nationale.

Renouvellement
Chaque année, le Bureau est renouvelé lors de la séance d'ouverture de la session parlementaire.

être engagée sans leur accord. Leur gestion est contrôlée par une commission composée de quinze députés élus à la proportionnelle. Afin de ne pas faillir à la règle de participation de l'opposition, il est de tradition que l'un des questeurs soit issu de l'opposition.

Les secrétaires assistent le président dans l'organisation des votes et constatent les résultats des scrutins. Ceux-ci peuvent s'effectuer par bulletin remis par les députés à l'un des secrétaires qui le dépose dans l'urne. Ils surveillent en outre la rédaction du procès-verbal. Lors des séances, deux d'entre eux doivent être présents.

> Composé de six vice-présidents, de trois questeurs et de douze secrétaires, le Bureau dirige l'Assemblée.

Les commissions parlementaires

En dehors des séances publiques, les députés travaillent au sein de commissions permanentes. On en dénombre six.

La composition des commissions

Depuis 1958, le nombre des commissions permanentes est inscrit dans la Constitution*. Il est limité à six. Cette limitation a été voulue par la Constitution pour éviter une trop grande spécialisation des parlementaires.

L'effectif de ces commissions dépend du nombre de députés qui a fluctué de 1958 à nos jours. Aujourd'hui deux commissions, la commission des Affaires sociales et celle de la Production et des Échanges, comptent chacune plus de 120 députés alors que les quatre autres en comptent chacune environ 70. Chaque député est obligatoirement membre d'une commission et d'une seule.

Les six commissions permanentes sont: la commission des Lois constitutionnelles, de la Législation et de l'Administration générale de la République présidée en 1997 par Catherine Tasca (député socialiste des Yvelines), la commission des Finances, de l'Économie générale et du Plan présidée par Henri Emmanuelli (député socialiste des Landes), la commission des Affaires étrangères présidée par Jack Lang (député socialiste du Loir-et-Cher), la commission de la Défense nationale et des Forces armées présidée par Paul Quilès (député socialiste du Tarn), la commission des Affaires culturelles, familiales et sociales présidée par Claude Bartolone (député socialiste de la Seine-Saint-Denis) et la commission de la Production et des Échanges présidée par André Lajoinie (député communiste de l'Allier). Les séances des commissions ne sont pas publiques. Les ministres y ont accès sur convocation ou à leur propre demande lorsqu'ils souhaitent être entendus. Outre le président, les commissions élisent un bureau qui

Le banc des commissions

Situé au premier rang de l'hémicycle* et face à la tribune, il accueille le président de la commission concernée par l'examen d'un texte et son rapporteur. À côté de lui se trouve le banc réservé au gouvernement où prend place le Premier ministre et les principaux ministres et derrière lui celui réservé à leurs conseillers techniques.

les dirige. Il est formé du président, du vice-président, de plusieurs secrétaires (de trois à six). La commission des Finances nomme également un rapporteur général du budget chargé de la présentation de ce texte lors du vote annuel du budget.

Le rôle des commissions

Il consiste avant tout à examiner les textes de projets de loi (émanant du gouvernement) et de propositions de loi (émanant de l'Assemblée) avant leur discussion en séance. Les commissions peuvent modifier, par des amendements*, les projets de loi et les propositions de loi qui leur sont soumis. Chaque commission désigne un rapporteur chargé de présenter aux députés, en séance, les conclusions de la commission.

À côté de ces commissions permanentes, des commissions spéciales et temporaires peuvent être créées à la demande du gouvernement ou des députés (président de groupes, trente députés ou président de commissions) lorsqu'un texte de loi relève de la compétence de plusieurs commissions. Le cas étant relativement rare, ce type de commission est donc peu utilisé.

Délégations parlementaires
Elles ont pour mission d'informer le Parlement dans des domaines particuliers. Il en existe six : la délégation pour l'Union européenne, la délégation parlementaire pour les problèmes démographiques (commune aux deux assemblées parlementaires), la délégation pour la planification, l'office parlementaire d'évaluation des choix scientifiques et technologiques (commun aux deux assemblées), l'office parlementaire d'évaluation de la législation et l'office parlementaire d'évaluation des politiques publiques.

L'essentiel du travail législatif se fait au sein des six commissions permanentes de l'Assemblée nationale.

Les groupes politiques

Dans la plupart des cas, les députés sont élus avec le soutien d'un parti politique. L'existence de ces partis se traduit à l'Assemblée par la constitution de groupes.

La constitution des groupes

Ils rassemblent les députés par sensibilités politiques. Les groupes politiques sont constitués au début de chaque nouvelle législature*. Les députés désireux de créer un groupe doivent présenter une déclaration politique signée par chacun d'eux et indiquant le nom de leur président. Le contenu de cette déclaration politique n'est soumise à aucun contrôle. Un groupe politique doit comprendre au moins vingt députés. Jusqu'en 1988, ce seuil était de trente mais il a été ramené à vingt pour permettre aux élus communistes de former le leur. Certains députés sont dits apparentés à un groupe sans en être membres à part entière. C'est le cas des députés divers gauche qui sont apparentés au groupe socialiste.

Les députés ne sont aucunement tenus d'appartenir à un groupe. Ceux qui ne le sont pas sont dits non-inscrits. Ils peuvent, si leur nombre le permet, constituer un groupe et désigner un délégué pour les représenter. Leurs droits sont de toute façon préservés puisque tout député participe aux travaux des commissions quelle que soit son appartenance ou non à un groupe. Les groupes disposent de moyens en personnel et en matériel afin de pouvoir fonctionner de manière satisfaisante.

Leur rôle

Il est essentiel. Ce sont eux qui désignent les membres du Bureau et des commissions permanentes. Chaque groupe désigne en son sein un président et un bureau. Les présidents des groupes politiques participent à la conférence des présidents qui réunit également les membres du Bureau,

Mardi

C'est en général ce jour-là que les groupes se réunissent. Ils peuvent également le faire chaque fois que leurs travaux l'exigent.

Salle Colbert

Chaque groupe dispose d'une salle à l'Assemblée nationale pour se réunir. La salle Colbert est traditionnellement attribuée au groupe le plus important. Depuis juin 1997, il s'agit du groupe socialiste.

les présidents de chaque commission, le rapporteur de la commission des Finances et le membre du gouvernement chargé des relations avec le Parlement. La conférence des présidents est informée par le gouvernement de l'ordre du jour prioritaire pour les trois semaines à venir. Elle fixe ensuite l'ordre du jour complémentaire.

Chaque groupe désigne les orateurs du groupe, répartit les temps de parole et décide de l'attitude politique qu'il adoptera au sein des commissions ou en séance publique. Le nombre des groupes à l'Assemblée nationale a varié selon les époques. On en dénombrait cinq en 1988 (UDF, UDC, RPR, PS et PC), cinq en 1993 (UDF, RPR, PS, PC et République et Liberté qui regroupait les non-inscrits de gauche et de droite). Actuellement, on en compte également cinq: le PS, le RPR, l'UDF, le PC et le RCV (radical citoyen vert regroupant les radicaux de gauche, le Mouvement des citoyens et les Verts).

> Au sein de l'Assemblée nationale, les groupes politiques rassemblent des députés ayant les mêmes idées politiques.

Les sessions

Alors que les Assemblées révolutionnaires siégeaient en permanence, depuis la Restauration et la monarchie de Juillet, on a retenu le principe de la «session», c'est-à-dire une période précisément définie au cours de laquelle se réunissent les députés.

Palais-Bourbon
Sauf de 1871 à 1879 et de juin 1940 à novembre 1945, l'Assemblée nationale siège au Palais-Bourbon à Paris depuis 1795.

Durée des sessions
Alors que la Constitution de 1946 fixait les sessions à huit mois, la révision de 1954 avait ramené cette durée à environ sept mois (212 jours) puis la Constitution de 1958 à environ six mois (170 jours). Aujourd'hui, la session unique dure neuf mois.

La session avant la révision constitutionnelle de 1995

Dans la rédaction originelle de la Constitution* de 1958, l'Assemblée nationale ne pouvait se réunir qu'au cours de sessions* strictement définies. Depuis la révision constitutionnelle de 1963, elle se réunissait en deux sessions ordinaires. La première session appelée «session budgétaire» s'ouvrait le 2 octobre de chaque année pour une période de 80 jours. Elle était, comme son nom l'indique, principalement consacrée à l'adoption du budget. La seconde session appelée «session de printemps» s'ouvrait le 2 avril pour une période de 90 jours. Si le 2 octobre ou le 2 avril étaient des jours fériés, les sessions s'ouvraient alors le jour ouvrable qui suivait. Des sessions extraordinaires pouvaient être ouvertes par le président de la République à la demande du Premier ministre ou de la majorité des députés ou des sénateurs. Son ordre du jour devait être précis et défini par avance. Lorsque la session extraordinaire était demandée par le Premier ministre, elle se tenait jusqu'à épuisement de l'ordre du jour. Si elle l'était par la majorité des parlementaires, elle devait se limiter à douze jours.

De plus, l'Assemblée se réunissait de plein droit dans certaines circonstances exceptionnelles comme pour entendre un message du président de la République (art. 18 de la Constitution) ou en cas de mise en œuvre par celui-ci de ses pouvoirs de crise (art. 16 de la Constitution) ou encore à la suite d'une dissolution*. Après des élections législatives anticipées provoquées par une dissolution, la nouvelle Assemblée se réunissait pendant quinze jours à partir du jeudi qui suivait son élection (art. 12).

Depuis la révision constitutionnelle du 4 août 1995

Si les réunions de plein droit se tiennent toujours dans les mêmes conditions et si les sessions extraordinaires ne sont pas directement affectées par cette révision, même si leur intérêt s'en trouve assez diminué, le changement concerne les sessions ordinaires. Aux deux sessions de trois mois antérieurement prévues est substituée une session unique. Elle s'ouvre le premier jour ouvrable d'octobre et prend fin le dernier jour ouvrable de juin (art. 28). Durant cette période de neuf mois, l'Assemblée nationale peut tenir 120 jours de séances répartis sur les semaines de son choix. Ce chiffre de 120 ne constitue toutefois pas un plafond absolu puisque, comme on l'a vu plus haut, des séances supplémentaires peuvent se tenir à condition de se dérouler au cours des semaines pendant lesquelles siège l'Assemblée.

> Depuis la révision constitutionnelle du 4 août 1995, l'Assemblée nationale se réunit en une session unique de neuf mois.

Les séances publiques

À l'intérieur de la nouvelle session unique de neuf mois, instituée par la révision constitutionnelle du 4 août 1995, l'Assemblée nationale se réunit 120 jours au plus. Chaque réunion constitue une séance de l'Assemblée nationale.

Trois
C'est le nombre de fois que se réunissent les députés par semaine.
Ces séances se tiennent en milieu de semaine afin que les parlementaires puissent retourner en fin de semaine dans leur circonscription.

Sonneries
À l'Assemblée nationale, une sonnerie signifie l'ouverture de la séance, deux sonneries le scrutin public, trois sonneries la levée de séance, quatre sonneries le scrutin nominal à la tribune et cinq sonneries la suspension de séance.

L'ordre du jour

À chaque séance correspondait un ordre du jour traditionnellement fixé par l'Assemblée elle-même. Mais la Constitution* de 1958 a rompu avec cette tradition parlementaire et l'ordre du jour est maintenant prioritairement fixé par le gouvernement (art. 48). La conférence des présidents, qui a pour rôle de fixer cet ordre du jour, ne peut donc proposer qu'un ordre du jour complémentaire. La Constitution de 1958 a ainsi entraîné une réelle rationalisation du travail parlementaire en même temps qu'un certain asservissement du Parlement face au gouvernement qui maîtrise son travail. Cette tendance ayant été jugée excessive, l'article 48 a été révisé le 4 août 1995. Il prévoit aujourd'hui qu'une séance par semaine est réservée aux questions des parlementaires au gouvernement et qu'une séance par mois voit son ordre du jour fixé par l'Assemblée. La sévérité du système institué en 1958 est ainsi atténuée.

Le déroulement de la séance

La séance est ouverte par le président qui peut également la suspendre (provisoirement) ou la lever (définitivement). Lors de la discussion d'un projet de loi*, le ministre concerné prend d'abord la parole, ensuite c'est le tour du rapporteur, puis celui des orateurs inscrits dans la discussion générale.

Le principal problème posé par les séances est l'absentéisme. L'opinion publique s'en émeut périodiquement et les médias l'ont souvent dénoncé. Pourtant la Constitution de

1958 y avait songé et avait interdit le recours au vote par procuration en disposant que le droit de vote des députés est personnel (art. 27). Mais les mauvaises habitudes sont vite revenues atteignant des sommets dans les années 1980. La situation s'est sans doute améliorée sous la Xe législature* (1993-1997) grâce à l'action du président Philippe Séguin, beaucoup plus attaché que

ses prédécesseurs à la règle du vote personnel. Mais les causes structurelles de l'absentéisme sont toujours présentes : technicité des débats pour lesquels les commissions constituent sans doute un cadre mieux adapté que la séance publique, surcharge de travail, dévalorisation du débat parlementaire par rapport aux médias et finalement déclin du rôle du Parlement* dans les institutions.

Lors des séances dirigées par le président de l'Assemblée nationale, les députés votent les lois.

Le domaine de la loi

Contrairement à la pratique républicaine classique, qui veut que le Parlement fixe par des lois les règles générales et obligatoires qui s'appliquent à tous les citoyens, la Constitution de 1958 donne une définition limitative du domaine de la loi.

Ordonnances

Une fois que le Parlement a signifié son accord par une loi d'autorisation, les ordonnances sont prises en Conseil des ministres et signées par le président de la République après avis du Conseil d'État. Elles entrent en vigueur dès leur publication au Journal officiel mais deviennent caduques si elles ne sont pas ratifiées par le Parlement avant la date fixée par la loi d'habilitation (art. 38).

L'article 34

Cet article, contenu dans la Constitution* de 1958, définit le domaine de la loi et énumère les domaines sur lesquels l'Assemblée nationale et le Sénat* peuvent légiférer.

Il s'agit des matières les plus importantes c'est-à-dire les droits civiques et les libertés publiques, le droit privé (nationalité, régimes matrimoniaux…), la détermination des crimes et délits et les peines à appliquer, la procédure pénale, l'amnistie, la création de nouveaux ordres de juridiction, les impôts (taux et modalités de recouvrement…), le régime d'émission de la monnaie, les régimes électoraux et le service public (garanties fondamentales accordées aux fonctionnaires et aux militaires, nationalisation des entreprises publiques…). Les parlementaires peuvent également fixer par la loi les principes essentiels de l'organisation de la Défense nationale, du fonctionnement des collectivités locales (communes, départements, régions), de l'enseignement, du régime de la propriété et des obligations civiles et commerciales, du droit du travail, du droit syndical, de la Sécurité sociale, du contenu des lois de finances et des objectifs de l'action économique et sociale de l'État (les lois-programmes). Depuis 1996, s'y ajoute le financement de la Sécurité sociale.

Si le Parlement* souhaite légiférer sur une matière non législative, le gouvernement peut opposer l'irrecevabilité. Si le désaccord persiste, le gouvernement et le président de l'Assemblée ou du Sénat peuvent saisir le Conseil constitutionnel* qui statuera dans un délai de huit jours.

Le domaine réglementaire

L'article 37 de la Constitution fixe le domaine réglementaire: «*Tout ce qui ne relève pas de la loi est de nature réglementaire.*» Contrairement au domaine de la loi qui est strictement limité aux matières énumérées par l'article 34, le pouvoir réglementaire dispose donc de larges compétences. Toutefois, il se doit de respecter les principes généraux du droit énoncés par le Conseil d'État. Sa fonction première est de faire exécuter les lois qui renvoient souvent pour plus de précisions à l'édiction de décrets d'application.

Le cas des ordonnances, qui émanent du gouvernement, est plus spécifique. Héritières des décrets-lois de la IIIᵉ République et des lois-cadres de la IVᵉ République, il s'agit de mesures exceptionnelles, limitées dans le temps et portant sur un domaine précis. L'article 38 de la Constitution autorise en effet le gouvernement à «*demander au Parlement l'autorisation de prendre une ordonnance pendant un délai limité, des mesures qui sont normalement du domaine de la loi*».

Décret
Les textes législatifs intervenus dans les domaines qui relèvent du pouvoir réglementaire peuvent être modifiés par décret pris après avis du Conseil d'État ou du Conseil constitutionnel, lorsqu'il s'agit de textes votés après l'entrée en vigueur de la Constitution de 1958.

La Constitution de 1958 fait la distinction entre le domaine législatif qui relève de l'Assemblée nationale et du Sénat et le domaine réglementaire qui relève du pouvoir exécutif.

La procédure législative (1)

Comme le gouvernement, les députés ont l'initiative des lois. On appelle «projets de loi» les textes proposés par le gouvernement et «propositions de loi» ceux proposés par les députés.

L'initiative

Les projets de loi* sont déposés soit au Bureau de l'Assemblée nationale soit à celui du Sénat* alors que les propositions de loi* émanant des députés sont déposées au Bureau de l'Assemblée nationale uniquement. Ils y sont enregistrés et un numéro d'ordre leur est attribué.

Une proposition de loi ne peut entraîner ni une augmentation des dépenses ni une diminution des recettes publiques. Leur recevabilité financière est donc examinée par une délégation du Bureau.

L'examen en commission et l'inscription à l'ordre du jour

Chaque texte est examiné par l'une des six commissions parlementaires (*voir* pp. 38-39) ou, plus rarement, par une commission spéciale. Cette commission peut modifier (amender) un projet de loi ou une proposition de loi qui lui est soumis.

Elle désigne un rapporteur chargé de transmettre l'avis de la commission aux députés, recommandant soit l'adoption du texte soit son rejet. L'ensemble de son travail, appelé rapport parlementaire, est imprimé et distribué aux députés.

C'est la conférence des présidents qui inscrit un texte de loi à l'ordre du jour de l'Assemblée (l'ordre du jour prioritaire est fixé par le gouvernement). Elle élabore l'ordre du jour pour les trois semaines à venir. Depuis 1995, une séance par mois est réservée à un ordre du jour fixé par l'Assemblée seule.

Temps écoulé
À la tribune de l'orateur, entre les micros, un voyant lumineux clignote lorsque le temps de parole d'un orateur est écoulé.

Rejet d'un texte
Dans certains cas relativement rares, un texte peut être rejeté avant même d'être discuté en cas d'irrecevabilité ou de question préalable. L'adoption d'une motion de renvoi en commission ajourne le débat.

Le débat

Tout débat sur un texte
commence par l'audition
du ministre compétent
puis par la présentation,
par un rapporteur,
du rapport établi par
la commission saisie.
S'ouvre alors une
discussion générale
sur le texte pendant
laquelle les orateurs inscrits prennent la parole.
La conférence des
présidents l'organise
et en fixe la durée.
Une fois cette
discussion achevée,
les députés examinent
le texte article par article.

Chaque amendement* (modification) sur un article est
discuté et voté avant l'article lui-même.

Enfin le président de l'Assemblée fait voter les députés sur
l'intégralité du texte. En général, ce vote a lieu à main levée
ou, en cas de doute, par assis-levé.

Le gouvernement peut s'opposer à l'étude de tout amendement qui n'a pas été auparavant soumis à la commission.
Mais surtout, le gouvernement, afin d'éviter de trop longs
débats, peut demander à l'Assemblée de se prononcer «*sur
tout ou partie d'un texte en ne retenant que les amendements
proposés ou acceptés par le gouvernement*» (art. 44 de la
Constitution).

Depuis 1991, il existe une adoption simplifiée d'un texte.
Le texte est alors voté sans discussion s'il n'y a pas d'amendements et dans le cas contraire seuls les articles faisant
l'objet d'un amendement sont discutés.

> Avant d'être voté
> par les députés,
> un projet de loi
> (ou une pro-
> position de loi)
> est discuté en
> séance publique.

La procédure législative (2)

Les lois (art. 34 de la Constitution) votées par l'Assemblée nationale et le Sénat sont promulguées par le président de la République.

L'adoption définitive d'un texte

Une fois voté par l'Assemblée, le texte de loi est transmis à l'autre assemblée parlementaire : le Sénat*. Le Sénat fait de même en transmettant à l'Assemblée nationale les textes qu'il a votés.

Pour être adopté définitivement, un texte doit être voté par l'autre assemblée dans les mêmes termes. Ainsi, si le Sénat modifie un texte qui lui a été transmis, le texte est renvoyé à l'Assemblée qui l'examine à nouveau. L'Assemblée le vote dans des termes identiques ou le modifie ce qui provoque son retour au Sénat. On appelle ce système la navette.

Le gouvernement peut mettre fin à cette navette au bout de deux lectures dans chaque assemblée ou une seule lecture lorsqu'il s'agit de la loi de finances (budget), des lois de financement de la Sécurité sociale ou pour les autres lois si le gouvernement déclare l'urgence. Il met alors en place une commission mixte paritaire composée de sept députés et de sept sénateurs. Cette commission a pour mission d'élaborer un texte commun. Si elle échoue, c'est à l'Assemblée nationale que revient le rôle de statuer définitivement après une nouvelle lecture dans chaque assemblée. Une fois adoptée, la loi est transmise au président de la République qui la promulgue dans les quinze jours qui suivent cette transmission. La loi entre en vigueur dès sa publication au Journal officiel.

Nouvelle délibération

Le président de la République peut demander au Parlement, dans les quinze jours qui suivent la transmission d'une loi définitivement adoptée au gouvernement, une autre délibération sur la loi ou sur certains de ses articles (art. 10).

Les moyens d'action du gouvernement

Contrairement au président de la République, le gouvernement a accès à l'Assemblée nationale. Il peut intervenir à tout moment dans les débats et proposer des amendements*. Le gouvernement peut ainsi contester la recevabilité d'une proposition de loi (ou d'un amendement) s'il estime qu'elle relève du domaine réglementaire et non pas du domaine de la loi. En cas de désaccord persistant sur cette irrecevabilité, le président de l'Assemblée et le gouvernement peuvent l'un et l'autre saisir le Conseil constitutionnel* qui statue dans les huit jours.

Le gouvernement peut demander un vote bloqué, c'est-à-dire demander à l'Assemblée de se prononcer par un seul vote sur tout ou partie d'un texte. Le Premier ministre peut enfin engager la responsabilité de son gouvernement sur un texte. Si aucune motion de censure n'est déposée dans les vingt-quatre heures qui suivent ou n'est votée par la majorité des membres composant l'Assemblée, le texte est alors considéré comme adopté (*voir* pp. 56-57).

Pour être adopté, un texte doit être voté dans les mêmes termes par l'Assemblée nationale et le Sénat. Le gouvernement peut mettre fin aux navettes entre les deux assemblées en réunissant une commission mixte paritaire.

Les questions au gouvernement

Outre voter les lois, les députés exercent un contrôle sur l'action du gouvernement. Ce contrôle se manifeste notamment sous forme de questions posées au gouvernement.

Mardi et mercredi
Chaque mardi et mercredi après-midi, la chaîne de télévision publique France 3 retransmet les questions posées aux membres du gouvernement par les députés.

15
C'est environ le nombre de questions posées au gouvernement au cours d'une séance.

Les questions posées en séance publique

Il existe deux types de questions : les questions orales et les questions au gouvernement. Les questions orales sont d'abord posées par écrit aux ministres concernés avant d'être posées de vive voix par les députés. Chaque semaine, actuellement le mardi matin, une séance est consacrée à ces questions orales. Même si ce fut le cas dans le passé, aujourd'hui les questions orales ne sont plus suivies d'un débat. Une fois qu'un ministre a répondu oralement à une question qui lui a été posée, le député, auteur de la question, dispose encore de cinq minutes pour répondre au ministre.

La première partie de la séance du mardi après-midi et de celle du mercredi après-midi est consacrée aux questions au gouvernement posées par les députés. Inaugurée en 1974, sans législation particulière, ce système permet aux députés de poser des questions aux membres du gouvernement portant sur l'actualité récente. Avant 1993, les questions étaient transmises aux ministres avant la séance publique. Aujourd'hui ce n'est plus le cas et ce type de séance y a gagné en spontanéité. Les orateurs de chaque groupe politique se succèdent jusqu'à épuisement du temps de parole qui leur est imparti. Ce temps de parole comprend les questions des députés mais aussi les réponses des ministres.

Les questions écrites

Posées par écrit, ces questions portent sur des sujets précis et permettent souvent aux députés de transmettre les doléances de leurs électeurs aux membres du gouvernement. Ces questions sont envoyées au ministre concerné et publiées au Journal officiel. Le ministre dispose alors d'un mois à dater de la publication de la question pour y répondre. Il peut toutefois obtenir un délai supplémentaire d'un mois pour complément d'informations. Si le ministre ne répond pas, le président de l'Assemblée nationale demande au député s'il désire transformer sa question écrite en question orale.

Questions-réponses
Les questions écrites et les réponses sont publiées au Journal officiel.

Les communications du gouvernement

Pour les éclairer sur un aspect de sa politique, le gouvernement peut demander à faire une déclaration aux députés. La conférence des présidents organise alors le débat qui suit cette déclaration et fixe un temps de parole aux groupes politiques de l'Assemblée. Le gouvernement prend en premier la parole puis conclut le débat en répondant aux questions des députés qui sont intervenus. Ces déclarations ne donnent lieu à aucun vote.

Les députés ont la possibilité d'interroger les membres du gouvernement sur des points précis.
Ils le font sous forme de questions orales, de questions d'actualité au gouvernement et de questions écrites.

Les alinéas 1 et 3 de l'article 49 de la Constitution

Bien que ce terme ne soit pas mentionné dans la Constitution, on parle de question de confiance lorsqu'un gouvernement engage sa responsabilité politique devant l'Assemblée nationale sur son programme, sur une déclaration de politique générale ou sur un texte.

L'article 49-1

Cette confiance ne correspond en aucun cas à un vote d'investiture. Ce n'est pas, en effet, l'Assemblée nationale qui investit le gouvernement mais le président de la République qui le nomme. Pourtant l'absence d'une majorité parlementaire risque d'entraver l'action du gouvernement qui se voit, alors, dans l'impossibilité de faire adopter les lois nécessaires à l'application de sa politique. Si en théorie chaque nouveau gouvernement est dans l'obligation de poser la question de confiance à l'Assemblée, dans la pratique seul un gouvernement sur deux environ l'a fait. Certains gouvernements la considèrent toutefois comme une obligation politique. Ce fut le cas le 19 juin 1997, lorsque le Premier ministre Lionel Jospin engagea la responsabilité de son gouvernement devant l'Assemblée nationale. Il s'agissait là bel et bien d'un acte politique fondateur du nouveau gouvernement et de la nouvelle majorité à l'Assemblée. Ni Georges Pompidou, lors de la formation de son troisième gouvernement en 1966, ni Jacques Chaban-Delmas, Premier ministre de 1969 à 1972, ni Pierre Messmer, Premier ministre de 1972 à 1974 n'ont systématiquement engagé la responsabilité de leur gouvernement, montrant ainsi qu'ils devaient leur légitimité plus au président de la République qu'à la majorité parlementaire. C'est ainsi qu'en 1972, Jacques Chaban-Delmas, alors

De 1988 à 1993
Les trois Premiers ministres socialistes successifs, Michel Rocard (1988-1991), Édith Cresson (1991-1992) et Pierre Bérégovoy (1992-1993) n'engagèrent pas la responsabilité du fait de la marge étroite dont ils disposaient à l'Assemblée. Il suffit en effet qu'une majorité d'opposants refuse sa confiance pour que le gouvernement démissionne.

Premier ministre, obtenait la confiance de l'Assemblée mais ne bénéficiait plus de celle du président Pompidou. Il démissionna immédiatement.

L'article 49-3

La question de confiance peut être également posée sur un texte de loi. Cette procédure a été mise en place pour éviter que, comme sous la IVᵉ République, un gouvernement qui engage sa responsabilité sur un texte puisse être obligé de démissionner si l'Assemblée nationale refuse ce texte. Lorsqu'un gouvernement utilise l'article 49-3, la loi est adoptée sans débat ni vote des députés. Mais si, dans les vingt-quatre heures, une motion de censure est déposée par les députés et recueille la majorité absolue des voix des membres de l'Assemblée, le gouvernement est contraint de démissionner. Cet article 49-3 fait donc peser une pression sur l'Assemblée nationale qui doit choisir entre censurer le gouvernement sur un texte précis ou se résigner à laisser passer le texte.

Il arrive qu'un gouvernement bénéficiant d'une large majorité à l'Assemblée se serve de cette procédure et ce dans deux buts : pour empêcher une obstruction de l'opposition ou pour éviter un débat au sein de la majorité. Ainsi, en 1983, le président de la République, François Mitterrand, demanda au gouvernement d'utiliser le 49-3 pour faire adopter une loi d'amnistie des généraux putschistes d'Alger. Les remous créés dans la majorité par ce projet de loi rendaient inévitable cette décision.

> Afin de prouver qu'une majorité de députés le soutient, le gouvernement peut demander à l'Assemblée nationale de lui montrer sa confiance par un vote.

La motion de censure

L'Assemblée nationale peut manifester sa défiance à l'égard du gouvernement en adoptant une motion de censure.

La procédure de mise en œuvre de la motion de censure

La censure est un élément essentiel du contrôle de l'exécutif par l'Assemblée. Elle fut souvent utilisée sous la IIIe et la IVe République. Sous la Ve République, la procédure de mise en œuvre de la motion de censure (article 49-2) est très encadrée. Il faut qu'elle soit demandée par au moins un dixième des députés, soit actuellement cinquante-huit députés. C'est ainsi qu'en 1993, les socialistes qui n'étaient alors que cinquante-cinq à l'Assemblée ne pouvaient la déposer seuls.

> **3**
>
> C'est le nombre maximum de motions de censure que peut signer un député lors d'une même session ordinaire (9 mois). Il ne peut en signer qu'une lors d'une session extraordinaire. (Loi constitutionnelle du 4 août 1995 reprise à l'article 49-2 de la Constitution.)

Afin de responsabiliser les députés sur l'importance d'un tel vote, ce vote ne peut avoir lieu que 48 heures après le dépôt de la motion de censure. Seuls sont comptabilisés les votes favorables à la motion qui, pour être adoptée, doit recueillir la majorité absolue des voix (actuellement 289 voix). Cette mesure limite la censure du gouvernement puisque les abstentionnistes peuvent faire échec à la motion de censure. Aucune motion de censure ne peut être déposée pendant l'intérim présidentiel ni lors de la durée de l'application des pouvoirs exceptionnels du président de la République (art. 16). Une motion de censure ne peut être déposée que lors de la session* ordinaire et ne doit pas être destinée à sanctionner les mesures prises directement par le président de la République. L'adoption de la censure entraîne la chute du gouvernement.

La motion de censure sous la Ve République

Une seule motion de censure a été adoptée sous la Ve République. En 1962, le général de Gaulle, alors chef de l'État, annonce son intention d'organiser un référendum* sur l'élection au suffrage universel* direct du président de la République, qui jusque-là était élu au suffrage indirect. Pour manifester leur mécontentement, les députés votent une motion de censure contre le gouvernement dirigé par Georges Pompidou. Ils estimaient en effet que la Constitution* était violée et que le régime parlementaire allait souffrir du poids prépondérant du président de la République. Cet unique exemple sous la Ve République montre la difficulté de la situation. Le gouvernement démissionnaire a été immédiatement reconduit alors que l'Assemblée nationale a été dissoute.

À une seule autre époque et sur deux sujets moins cruciaux que les institutions, le gouvernement a craint d'être censuré. En 1990 et 1992, deux projets de loi, l'un sur la contribution sociale généralisée qui modifiait les règles de versement à la Sécurité sociale et l'autre sur la politique agricole, ont entraîné la mise en œuvre du 49-2. Les motions de censure déposées alors échouèrent de cinq voix pour le premier projet de loi et de trois voix pour le second.

41

En 37 ans, de 1958 à 1995, seules 41 motions de censure ont été déposées. Elles n'étaient pas liées directement à un texte proposé par le gouvernement.

Quand ils le veulent, les députés peuvent mettre en cause la responsabilité du gouvernement en déposant une motion de censure. Si elle est acceptée par la majorité absolue des députés, elle entraîne la démission du gouvernement.

Glossaire

Amendement: proposition de modification d'un projet de loi ou d'une proposition de loi soumise au vote de l'Assemblée nationale.

Ancien Régime: gouvernement qui existait avant 1789. Tous les pouvoirs étaient alors détenus par un seul homme: le roi.

Arrondissement: créé par la loi du 18 pluviôse de l'an VIII (17 août 1800), il s'agit d'une division de territoire. Il sert, sous la IIIe République, de circonscription électorale pour l'élection des députés.

Circonscription: division administrative du territoire, elle est le cadre des élections législatives. Il y a autant de circonscriptions que de députés (577). Tout département comprend au moins deux circonscriptions.

Conseil constitutionnel: grand corps de l'État qui exerce un contrôle sur la conformité des lois à la Constitution. Il statue, en cas de contestation, sur la régularité des élections législatives.

Constitution: loi fondamentale de la République.

Dissolution: l'article 12 de la Constitution permet au président de la République, après consultation du Premier ministre, du président de l'Assemblée et du président du Sénat, de mettre fin au mandat des députés avant l'issue normale de la législature en prononçant la dissolution de l'Assemblée.

Élections législatives: élections au cours desquelles les députés sont élus.

Hémicycle: salle demi-circulaire dans laquelle les députés siègent en séances publiques.

Législature: durée de cinq ans pendant laquelle l'Assemblée nationale siège. Actuellement, il s'agit de la onzième législature de la Ve République.

Mandat: pouvoir de représentation donné à un élu par ses électeurs.

Parlement: les deux chambres parlementaires: l'Assemblée nationale et le Sénat.

Pouvoir exécutif: détenu par le président de la République, le Premier ministre et le gouvernement, il consiste à assurer l'exécution des lois et à gouverner.

Pouvoir législatif: détenu par l'Assemblée nationale et le Sénat, il consiste à élaborer, examiner et voter la loi.

Projet de loi: texte de loi proposé par le gouvernement.

Proposition de loi: texte de loi proposé par les députés ou les sénateurs.

Référendum: il s'agit d'une procédure exceptionnelle qui consiste à demander aux citoyens de se prononcer sur un projet de loi ou un projet de révision de la Constitution en répondant par oui ou par non à la question posée.

Sénat: seconde chambre parlementaire. Les sénateurs sont élus au suffrage indirect. Comme l'Assemblée nationale, le Sénat dispose du pouvoir législatif.

Séparation des pouvoirs: principe selon lequel le pouvoir exécutif, le pouvoir législatif et le pouvoir judiciaire sont séparés pour éviter qu'ils ne soient concentrés dans les mains d'un seul homme.

Session: période au cours de l'année pendant laquelle les députés siègent à l'Assemblée nationale.

Souveraineté nationale: principe du «gouvernement du peuple par le peuple». Les citoyens délèguent ce pouvoir à des représentants: les parlementaires (députés et sénateurs).

Suffrage: venant du latin *suffrago*, du nom d'un tesson de bouteille utilisé par les électeurs pour voter, ce terme désigne à la fois la voix d'un électeur (on parle alors de suffrage exprimé, blanc ou nul) et le mode de scrutin utilisé. On parle de suffrage censitaire lorsque le droit de vote n'est accordé qu'aux contribuables versant un impôt (le cens). Ce type de suffrage fut remplacé en 1848 par le suffrage universel (tous les citoyens peuvent voter). Ce suffrage universel peut être direct, les citoyens élisent directement leurs représentants, ou indirect, seuls les grands électeurs votent.

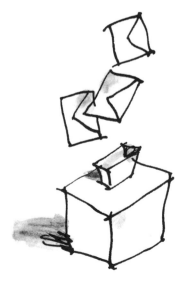

Bibliographie

Généralités :

ARDANT (Philippe), *Institutions politiques, droit constitutionnel*, LGDJ, 7ᵉ édition, 1995.

AVRIL (Pierre) et GICQUEL (Jean), *Droit parlementaire*, Montchrestien, 1988.

BURDEAU (Georges), *Droit constitutionnel et institutions politiques*, LGDJ, 24ᵉ édition par F. Hamon et M. Troper, 1995.

CADOUX (Ch.), *Droit constitutionnel et institutions politiques*, Économica, tome I, 3ᵉ édition, 1990.

CHALVIDAN (P.-H.), *Droit constitutionnel, institutions et régimes politiques*, Nathan, 2ᵉ édition, 1996.

CHANTEBOUT (Bernard), *Droit constitutionnel et science politique*, Colin, 12ᵉ édition, 1995.

DUHAMEL (Olivier), *Droit constitutionnel et politique*, Seuil, 1994.

DUVERGER (Maurice), *Institutions politiques et droit constitutionnel*, PUF, tome 1, 18ᵉ édition, 1990.

GÉLARD (P.) et MEUNIER (J.), *Institutions politiques et droit constitutionnel*, Montchrestien, 1995.

GICQUEL (Jean), *Droit constitutionnel et institutions politiques*, Mémentos Dalloz, 1994.

GUICHET (Yves), *Droit parlementaire*, Économica, 1996.

LECLERCQ (Claude), *Droit constitutionnel et institutions politiques*, Librairies techniques, 9ᵉ édition, 1995.

TURPIN (Denis), *Droit constitutionnel*, PUF, 2ᵉ édition, 1994.

Ouvrages plus spécialisés :

AMELLER (Michel), *l'Assemblée nationale*, coll. « *Que-sais-je ?* », PUF, 1994.

DEFRASNE (Jean), *L'antiparlementarisme en France*, coll. « *Que-sais-je ?* », PUF, 1990.

MOPIN (Michel), *Les grands débats parlementaires de 1875 à nos jours*, La Documentation française, 1988.

SÉGUIN (Philippe), *240 dans un fauteuil, la saga des présidents de l'Assemblée*, Seuil, 1995.

SOURY (André), *L'envers de l'hémicycle*, L'Harmattan, 1995.

La Séance publique à l'Assemblée nationale, coll. « *Connaissance de l'Assemblée* », Économica, 1989.

Les principales étapes de la procédure législative, coll. « *Connaissance de l'Assemblée* », Économica, 1989.

Index *Le numéro de renvoi correspond à la double page.*

Dans la même collection :

Responsable éditorial: Bernard Garaude
Directeur de collection – édition: Dominique Auzel
Secrétariat d'édition: Anne Vila
Correction – révision: Didier Dalem
Iconographie: Sandrine Batlle
Conception graphique: Bruno Douin, Couverture: Isocèle
Maquette: Ingrid Gerlach / octavo
Dessins: Jacques Azam
Fabrication: Isabelle Gaudon, Aurore Cesses

Aubin Imprimeur, 86240 Ligugé. — D.L. décembre 1997. — Impr. P 55171